AF221140

Überwiegend weiter

Überwiegend weiter

Gedichte

von

Jürgen Sanders

BoD – Books on Demand, Norderstedt, 2018

Bibliographische Information der Deutschen
Nationalbibliothek:
Die Deutsche Nationalbibliothek verzeichnet diese
Publikation in der
Deutschen Nationalbibliographie; detaillierte
Informationen sind im Internet über
http://dnb.dnb.de/ abrufbar.

© Jürgen Sanders, 2018

Hrsg., Satz und Gestaltung: Lukas Sanders

2. Auflage

Herstellung und Verlag: BoD – Books on Demand,
Norderstedt

ISBN: 978-3-752811889

Ernste Gedanken

Ich habe keinen
Ernst daran
mich spaß
zu nehmen

Ich kann mich
vor lauter Ernst
nicht mehr
spaß nehmen

Phantasie

Willst du mit den
Wolken ziehen
darfst du nicht
dein Sehnen zügeln

Wenn du keine
Flügel hast
musst du dich
beflügeln

Schattenspringer

Tief im hohen Tann
der immergrüne Jägersmann
sprang über seinen Schatten
pfiff auf den Fingern
nachts nach den Ratten
rief hinter den Eulen her
wünschte sich nichts so sehr
wie mit ihnen zu leben

Sommerleicht

Blütenwellen
deine lachten
zugewortet dir
und Wiesen
still am See
Dahingewehte

Vergebens

Die Tulpen im Garten
sie warten
Die Kelche sind offen
sie hoffen

Bald welken sie
in meinem Zimmer
und warten
noch immer

Stühle

Wer Stühle mag
sitzt nicht
auf ihnen
er steht auf sie
zwischen den Stühlen

In der Tiefe

Geheimnisvolle Verse
in der Tiefe
lassen uns im
Trüben fischen
sie retten vor den
Scherenaugen

Ernüchtert

Meine Ideale
du hast sie
zerdacht
Ich hielt mich
für weise
Du hast mich
entlacht

Via Ferrata

Du bist mir
entklettert
ich habe mich
verstiegen

Kleidsam

Du ziehst mich an
es steht dir gut
ich bin dein
schönstes Kleid

Ziehst mich aus
legst mich aufs Bett
siehst mich lächelnd an
und hängst mich
in den Schrank

Bis der Tod uns scheidet

Die Glocken klingen
aus der Braut
ein Hoffnungssehnen
ewige Treue
der schönste Tag
im Leben
bis zum Tod

Endlich

Wir sind die Liebe los
sind frei
Du für dich
und ich für mich
Endlich hat sich jeder
ganz allein für sich

verwirrt

am anfang war der weg
ich habe dir niemals
steine in das wort gelegt
doch du hast licht geleckt
ich lösche das blut

Zerbrochen

Ineinander
verspiegelt
Bilder

Auseinander
entspiegelt
Scherben

Auf und davon

Ich kann nicht
aus dem Fleisch
ich bleibe
zeige meine Blöße
Bevor du mich
in dunkle Worte
hüllen kannst
lache ich mich
aus dem Staub

Reden

Du schweigst mir
etwas vor
lass uns
darüber reden

Hoffnungsimmer

Wenn ich dich rede
weich und rund
mit leichter Zunge
bleibst du Mund mir
hoffnungsimmer

Frühlingsnacht

Es ist
so schön mondlich
im Garten
Wir sitzen im Schweigen
verträumen die Nacht
miteinander

Zu dir

Ich komme
zu dir
dein Lächeln
steht kopf
an der Tür
wir legen
uns tanzen

Deine Rosen

Ich finstere
dich an
du zeigst mir
deine Rosen
es wird licht

Hörst du mich

Hinklingen
will ich
zu dir
in rosenen Tönen
Hörst du mich lieben

Wir

Wir sind
zusammen
gewachsen
beide
miteinander

So gern

Ich liebe dich
noch mehr
als deinen Kuchen
und würde dich
so gern einmal
versuchen

Schlüsselblümchen

Blüsselschlümchen
süßes Blümchen
du zergehst mir
auf der Zunge
Was sich liebt
das neckt sich
ich glaube
ich schluck` dich

Schöner Moment

Ich fühle mich
so winterfern
obwohl es schneit
ach - ich bin
ganz sommerhin

Hochsommer

Gluthitze
unter der Linde
ein kühles Schattenbad

Im Regen

Gehst du unter
Wolkenschirmen
durch den warmen
Sommerregen
gefällst du mir
in Pfützenspiegeln
lächelst mir
entgegen

Gewitter

Es kübelt vom Himmel
wir stehen im Regen
Der Schirm liegt entspannt
zu Hause im Bett

Beim Klavierkonzert

Hörsehbar das Staunen
als aus ihren Tönen
ein Schmetterling erklang

Erwischt

Lippentupfen
sprachüberschreitende Gefühle
ein buntes Pochen im Hals

Blick aus dem Fenster

Herbstgoldleuchten
aus Blüten Gräsern Bäumen
zieht meine Seele hinaus
Tanzend mit den Blättern treiben

Taulicht

Mit einem Tropfen
fällt ein Licht
aus Tau
in den See
verschwimmt im
Wellenspiegel

Viola

Ich streiche deine
zarten Saiten
überspannt ins
Tiefgeneigte
Sanftes Erschwingen
hellwarmer Klang

Schamlos

Wie sie es mit dem
Schreiben treiben
öffentlich vor aller Augen
sich dabei
hemmungslos und bloß
völlig fremden Menschen zeigen

Früher machte man
es immer
ganz allein
in seinem Zimmer
bei einem Glas Wein
im Kerzenschein

Entschweigen

Eintönende Stimmen
im Fortklang
Das Gras wächst
uns besser zu hören
im Wind
Der Brunnen schweigt
aus der Tiefe
es bleibt

Im Zwischen

Ich fühle mich
entnebelt
in einer finsterlosen Welt
stehe im Zwischen
auf schwankenden Tönen
die Stimme ist brüchig
rissige Worte
ich falle
ins Schweigen

Schlaflos

Sitze
in der Nebennacht
jenseits der Träume
allein
In greller Stille
muss ich wachen

Schwindel

Spiegelräder
drehen sich
vor meinen Augen
fressen Blicke
spucken
Schwindelbilder aus

Mein Schweigen

Wortfrüchte abgelegt
beginne ich mein Schweigen
Kahle Bäume leere Seiten
Silben welke Blätter treiben

In der Fremde

Lasse flügelweit
mich sprachlos treiben
Dort in der Ferne
wortlings frei mich
einsam schreiben

Wandel

Ich gehe gerne züngeln
in den Kerben
du verpuppst dich
kleine Raupe
schlängle mich durch Wiesen
träume Häuten
flieg mein Schmetterling flieg

Über mir

Die Wolken
katzenweiß
im Sprung
aus alter Zeit
zurück
ich bleibe

Pechvogel

Immer wieder
stürze ich mich
mutig in das Leben
und lande jedes Mal
daneben

Im Bad

Es gibt nicht viel zu sagen
ich prallte auf
zerplatzte
Es spritzte mich
über den
Wannenrand
Ich war zu Wasser
und zu Land

Der Despot

Steinhaftig sein Reden
Gewortig sein Schweigen
Wir liegen verschüttet
Nachbebende Stille

Aus dem Weg

Schwertfege dich
von der Straße
entrüsteter Runzler

Luftblase dich
von der Straße
stirnfaltiger Blecker

Schlag zu
lang hin
hau ab

Geschlagen

Trägt das Fell
über den Ohren
langgezogen
lässt die Schultern hängen
keine Widerrede

Trotzdem

Früher
roh und wild
kurz gehalten
oft geschlagen
Dennoch trotzig
sanft geblieben
mit Wolkentieren
sturmgetrieben

Game over

Vor seinem Rechner, ganz gebannt,
sitzt Marvin, ist total gespannt.
Er zögert kurz, dann tippt er flink
auf den so heiß ersehnten Link.
Rot blinkt ein Button:
"Enter, enter!"
"Nicht Marvin", hört er,
"schließ das Fenster!"
Doch schon erscheint
ein Hyperweib:
"Bitte", fleht es, "bitte bleib!"
Betörend säuselt es,
schon brennt er
lichterloh: "Komm zu mir, enter!"
Er kann nicht länger widerstehen,
er will sie bloß und willig sehen.
"Klick weg, klick weg!",
sein Finger zuckt,
so sehr er sich auch wehrt,
es juckt-

Er klickt, ein Fenster öffnet sich,
er blickt auf schwarze,
blutverschmierte Wände,
aus ihnen wachsen Riesenhände,
die packen ihn,
Marvin wird bleich-
"Escape!", zu spät,
er schreit, zugleich
zerrt man ihn aus Raum und Zeit
an einen virtuellen Ort.
Sein Stuhl ist leer, nun ist er fort.
Ojemine, ojemine,
da zappelt er im www.

Das wars

Jung und knackig
paus und backig
hängt ein Traum
am Apfelbaum

Wurmstichig fleckig
schrumpelig dreckig
liegt der Traum
im Gras

Ausweglos

Nach mehreren Abschieden
verschobenen Aufbrüchen
Verzögerungen
ging die Hoffnung
zur ewigen Ruhe

Chillen

Abhängen an Abhängen
Aufsteigen zum Himmel
Absteigen zu Tal

Aufgeblasen

Suchen Halt
an Windgeländern
Stürme zerren wild
an aufgeblähten Hüllen
Sie fallen zusammen
treiben fernhin

Erwachen

Entzaubert
ernüchtert
auf dem Boden

Eingefahren
überzweifeln
unter Tage

Kleines Glück

Liebe in Kästchen
schnörkellos
glücklich
kariert
grauklein

Wohnlich

Geschmackvoll eingerichtet
gelbrotes Grau
verstaubte Bücher
es riecht stubig
Alles sehr gemütlich

Eintönig

Ich fließe am Band
und träume vom Strand
wir liegen im Sand
du hältst meine Hand
der Himmel ist blau
der Alltag ist grau
ich fließe am Band

Alltäglich

Wir lauschen
dem Singsang
hören Monotone
Marschtakt
Laufrad
Zentrifuge

Kleinmütig

Das Leben
ein Wagnis
Zagemut
bewahrt dich
vor Ungeduld
und Leichtsinn

Schicksal

Lies aus der Handzeit
Linien
überzweigende Wege
kreuzen sich aus

Heimat

Behagnis
borstig
Widerland
ich zorne
und friede

Im Narrenhaus

Staben sich an
Wortwand Schweigen
Narren stürzen
kainwärts ineinander

Verkehrte Welt

Bislang zuverlässige Worthalter
lassen ihre Versprechen fallen
Ehemals Wahrheitsliebende
leiden unter Liebeskummer
Gesetzestreue
gehen fremd

Zweifelhaft

Immer wenn ich
einen Menschen
verurteile
gehe ich
in Zweifelhaft

Auf der Lauer

Greifarme
in den Augen
warten auf
Einen Blickfang

Dann

Neid Hass Eifersucht Gier
lassen uns leiden
Wären wir weichmütig
liebsam bescheiden

Entronnen

Es tanzt mich
sterbenswild
taumelnd ecke ich
an Kanten
bleibe angstgestoßen stehen
Noch einmal
davongekommen
mit ein paar
blauen Flecken

Späte Einsicht

Habe fast
mein ganzes Leben
mit vollen Händen
ausgegeben
bekam dafür
nur schönen Schein
nun bleibt nicht mehr
viel Zeit zum Sein

Ich suche

Den See bedeckt ein
wolkenverschmierter Himmel
Ich suche Klarheit

Fliegen lassen

Lass uns Sorgen falten
zu federleichten Schwalben
Sie sollen fliegen

asher

offentiefe
du sprichst seele
fernvertraute
nah im licht

Carpe diem

Auch ich trage
einen Schatten
und verliere
täglich Jahre
Springe über
und genieße
jeden neuen Tag

Treiben lassen

Es geht mir gut
Ich gehe viel spazieren
mit den Wolken
in den Winden
Ich sitze gern am Strand
werfe meine trüben Gedanken
ins Wasser
lasse sie treiben

Bitte

Unser tägliches Leid
nimm uns heute
und lass
Freude Liebe Frieden
in uns sein

Befreit

Runde für Runde
gehe ich
entkreise
Der Weg ist frei
ein neues Leben

Das Leben

Ich liebe das Leben
die Schöpfung
das Staunen
ertrage in Demut
das Scheitern und Raunen

Vergesse das Leben
die Sinne die Zeit
im Augenblick
der Ewigkeit

Im Urwald

Totholz Flechten
abseits der Wege
Über der Lichtung
ein Kreuzaufgang

Freude

Tanze male singe
bunte deinen Tag

Bitte lächeln

Missmute nicht
lächel dich
frei

Inhalt